Freue dich, Christkind kommt bald

Text von Gertrud Fussenegger
Bilder von Piotr Stolarczyk

Annette Betz Verlag

Das Christkind! – Ja, das Christkind ist das Liebste und Beste. Das ganze Jahr wäre traurig, wenn nicht am Ende des Jahres das Christkind käme.

Es kommt von weit her, vom Himmel. Dort wohnt es hinter dem Mond und der Sonne, und niemand kann es sehen. Aber jeder weiß: einmal kommt es.

Für uns kommt es am 24. Dezember.

Der 24. Dezember ist mitten im Winter.

Oder nein. Da fängt der Winter eigentlich erst an, und zugleich beginnt die Sonne wieder zu wachsen.

Habt ihr es nicht bemerkt? Im Herbst werden die Tage kürzer und kürzer.

Die Sonne scheint ganz blaß durch den Nebel. Der erste Schnee fällt. Wird es denn jetzt immer dunkler und dunkler, immer kälter und kälter werden? Das wäre schlimm. Aber das Christkind weiß, das darf nicht sein.

So kommt das Christkind vom Himmel, ganz leise und unsichtbar. Es kommt zu den Bäumen und schlüpft zu ihnen ins Wurzelbett und sagt: Ihr Bäume, ihr meine lieben Kinder, hört an, was ich euch sage. Der Herbst ist um, die Sonne kommt zurück. Noch dürft ihr eine Weile schlafen und träumen. Aber eines Tages, und er ist gar nicht so fern, da werdet ihr wieder aufwachen und blühen und grünen.

Auch die Sträucher zupft das Christkind an den Wurzelbärten, auch die Blumen und das Gras. Auch die Tiere vergißt das Christkind nicht: den Igel in seinem Laubhaufen, da schläft er in seinem Stachelkleid; den Maulwurf in seinem Graupelzchen, der hat sich tief in seine Erdburg eingegraben. Das Christkind vergißt auch das Eichhörnchen nicht in seiner Baumhöhle und den Schmetterling in seinem selbstgesponnenen Puppenkleid. Zu ihnen allen spricht das Christkind und sagt: Eine Weile habt ihr noch Zeit zu schlafen, meine Kinder. Aber das neue Jahr steht schon vor der Tür. Und im neuen Jahr wird es wieder Frühling werden.

So spricht das Christkind zu Bäumen, Sträuchern und Tieren. Und wie spricht es zu den Menschen?

Die Menschen wird es sicher nicht vergessen haben. Das Christkind kommt in alle Länder und zu allen Völkern – und es schickt allerlei Leute voraus, die es ankündigen, zum Beispiel den heiligen Nikolaus.

Den heiligen Nikolaus, den kennen wir gut. Er wandert mit einem großen Sack voll Äpfel, Nüsse und Lebkuchen von Haus zu Haus. Manchmal geht ein Teufel mit ihm und rasselt mit seiner Kette. Aber ich wette, es ist kein böser, sondern eher ein lustiger Teufel, der dem heiligen Nikolaus den Bischofsstab tragen und ihm dann und wann auch die Schuhe putzen muß.

In England heißt der heilige Nikolaus Santa Claus. Der bringt den Kinder als Weihnachts-speise Plumpudding, das ist ein süßer Pudding, über dem ein blaues Flämmchen brennt, und doch hat sich noch nie ein Kind daran die Zunge verbrannt.

In anderen Ländern, zum Beispiel in Rußland, kommt das Väterchen Frost. Na, das ist ein kalter Geselle, der hat Eiszapfen im Haar, eine rote Nase und furchtbar zottige Pelzstiefel. In Rußland darf Väterchen Frost nicht viel vom Christkind erzählen, aber dann und wann zwinkert er den Leuten zu und zeigt schnell ein Bildchen her, das er heimlich unter seinem Pelzrock trägt – das zeigt das Christkind mit seiner lieben Mutter Maria.

Wie ihr wißt: bei uns kommt der heilige Nikolaus am 6. Dezember. In Schweden ist es die heilige Luzia, die dem Christkind vorausgeht. Luzia heißt soviel wie die Lichte oder Leuchtende, und so hat sie einen grünen Kranz auf dem Kopf, einen Kranz aus immergrünen Blättern, und in diesem Kranz stecken brennende Kerzen. So geht Luzia durch alle Zimmer in allen Häusern, und wo sie geht, wird es hell.

Luzia kommt am 13. Dezember.

Noch einen anderen Brauch haben die Leute im Norden: den Julklapp. Das ist ein lustiger Name und heißt soviel wie Klappern im Dezember. Und Julklapp ist auch ein lustiger Brauch:

Jeder schenkt jedem etwas. Aber keiner darf sagen: Das Geschenk ist von mir. Er darf nur den Namen dessen, der es bekommen soll, darauf schreiben und das Geschenk mit allen anderen Geschenken zusammen in einen großen Korb legen. Dann wirft man den ganzen Korb mit möglichst großem Krach und Geklapper ins Haus. – Dazu muß man wissen: früher waren die meisten Geschenke aus Holz gemacht – also Puppen aus Holz, Pferdchen aus Holz, Schüsseln und Schuhe aus Holz. Ihr könnt euch denken, wie das geklappert hat, wenn der Julklapp gefeiert wurde.

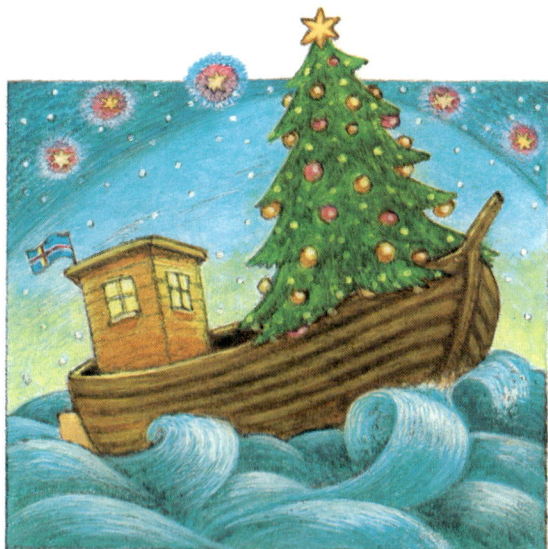

In einem anderen Nordland gibt es keine Bäume. Da ist die Insel Island mitten im wilden Meer, voll Eis und Schnee und feuerspeiender Berge. Nur am Rand der Insel können Menschen leben. Sie kennen keinen Wald, und darum wachsen bei ihnen auch keine Weihnachtsbäume, keine Tannen, keine Fichten. Ist das nicht traurig?

Aber die Leute von Island wissen sich zu helfen. Sie schicken Schiffe in wärmere Länder, nach England etwa oder in das südliche Norwegen, von wo sie auch alle einmal gekommen sind. Die Schiffe bringen ihnen dann die Weihnachtsbäume. Ach, wie freuen sich die Isländer auf die Ankunft der Schiffe. Sie stehen am Ufer und warten und sind voll Ungeduld. Endlich fährt das Schiff in den Hafen. Alle schreien und rufen und singen vor Freude, und jede Familie bekommt ein Bäumchen und darf es nach Hause tragen.

In Frankreich gibt es zu Weihnachten ein ganz großes Festmahl. Da kommen die knusprigsten Hühnchen und die süßesten Früchte auf den Tisch, da gibt es Trüffel und Marzipan. Natürlich gibt es auch Geschenke. Und dabei geht es so zu: Die Kinder suchen sich unter allen Schuhen und Stiefeln im Haus die größten und tiefsten aus und hängen sie in den Kamin, denn sie denken, daß der französische Weihnachtsmann nachts in einem Schlitten über die Dächer der Städte fährt und daß da so manches aus seinem Sack dabei in die Kamine fällt. Und richtig: am nächsten Morgen sind die Stiefel mit Geschenken gefüllt.

»Noël! Noël!« rufen die Kinder in Frankreich, wenn sie die Stiefel finden, und meinen damit: Es ist Weihnachten, es ist Weihnachten!

»Christmas, Christmas!« rufen die Kinder in England und Amerika. »Natale, Natale!« rufen die Kinder in Italien und tanzen rund um einen Baum, der mit bunten Kugeln und Papierschleifen und Flitter geschmückt ist.

Und selbst die kleinen Buschmänner im Regenwald von Afrika tragen Zweige und wedeln damit und rufen in ihrer Sprache: Großer Himmelsherr, großer Wolkenkönig, schau auf dein Zwergenvolk im Urwald und komm zu ihm herab.

Es gibt Gegenden, in denen das Weihnachtsfest auf ganz merkwürdige Art gefeiert wird: Da ist in Bayern eine kleine Stadt, die heißt Fürstenfeldbruck, am Flusse Amper gelegen. Dort war einmal gerade um die Weihnachtszeit eine große Überschwemmung, die viele Häuser davongetragen hat. Seither baut jeder Fürstenfeldbrucker vor Weihnachten ein winziges Häuschen aus Holz, das genauso aussieht wie sein eigenes Haus, er schneidet Fensterchen hinein und eine Tür und macht, je nachdem, das Dach spitz oder flach.

Am Vorabend des Weihnachtsfestes setzt jeder Fürstenfeldbrucker ein Licht in sein Häuschen und geht damit zum Fluß, setzt es am Ufer ins Wasser und läßt es schwimmen. Da treibt dann eine ganze erleuchtete Häuserflotte die Amper hinab und feiert mit ihr Weihnacht, damit sie nicht mehr übergeht und Schaden anrichtet.

Ein schöner Brauch ist auch das Herberg-suchen. Ihr wißt doch: als Josef und Maria nach Bethlehem kamen, fanden sie keinen Platz mehr in einem Gasthaus, und sie wurden weggewiesen und fortgeschickt von allen Türen. Darum mußten sie am Ende in einem Stall bleiben, darum ist das Jesuskind in einem Stall geboren.

Nun ist es ein Brauch in manchem Land, daß ein größerer Junge und ein größeres Mädchen sich als Josef und Maria verkleiden und von Haus zu Haus ziehen und um Herberge bitten. Jetzt will sie keiner mehr wegweisen, sie werden hereingebeten und bewirtet, oder man betet mit ihnen und singt ein frommes Lied.

Dieses Spiel soll daran erinnern, daß wir Bittende nicht abweisen und die Hungernden nicht vergessen sollen.

Ihr wißt ja, was eine KRIPPE ist: Maria und Josef und das neugeborene Kindchen, dazu vielleicht noch Ochs und Esel, Engel und Hirten. Fast jedermann stellt sich zu Weihnachten ein Kripplein auf.

Aber in den Bergen, in Tirol etwa oder in Salzburg, wo die Leute geschickt sind und gerne Männchen schnitzen, da werden ganz große Krippen aufgebaut. Manche füllen ein halbes Zimmer! In der Mitte der Stall und rundherum Wiese und Wald und Felsgebirge, in der Ferne die ganze Stadt Bethlehem. Da kommen Hirten gewandert auf schmalen steilen Wegen, über Brücklein und Bäche, sie kommen mit Geschenken, jeder bringt etwas anderes: dieser Wurst und Speck, jener ein Lämmchen, ein dritter ein Huhn. Frauen sind dabei, Junge und Alte und Kinder, Reiter mit Fahnen und Schwertern, sogar Elefanten, Löwen und Giraffen. Vor lauter Figuren rund um den Stall könnte man das Christkind in der Krippe fast vergessen, wenn nicht schöne Engel in weißen Gewändern daneben säßen, die einen haben Harfen, die anderen Geigen in den Händen – und über dem Ganzen schwebt ein Band, da steht geschrieben: Ehre sei Gott und Friede den Menschen.

So eine Krippe ist wie eine kleine Welt, und die Leute gehen von Haus zu Haus zum Krippenschauen, und die Schnitzer sind schon wieder an der Arbeit und schnitzen und bemalen neue Figuren.

So gibt es eine Menge schöner Bräuche rings um das Weihnachtsfest. Aber am allerschönsten feiern wir Weihnachten, wenn wir gut und lieb zueinander sind – und dabei auch unsere lieben Toten nicht vergessen, denn auch sie wird das Christkind einmal aufwecken aus ihren dunklen Betten in der Friedhofserde.

Wir daheim feiern Weihnachten so: Zuerst tragen wir einen kleinen Christbaum auf das Grab unserer Großeltern und Urgroßeltern. Dann gehen wir heim, schon steht ein gutes Essen auf dem Tisch. Nach dem Essen folgt die Bescherung. Wir haben einen schönen Baum mit selbstgemachten Engeln, Strohsternen und selbstbemalten Kugeln. Die Glocke läutet. Die Kerzen werden angezündet. Dann liest die Mutter aus der Bibel vor, wie es war, als das Christkind zur Welt kam. Die kleine Caroline spielt Geige, Jakob bläst Flöte, und Georg, der eine schöne helle Stimme hat, singt die erste Strophe des Liedes »Stille Nacht, heilige Nacht«. Die zweite und dritte Strophe singen wir alle zusammen. Dann erst werden die Geschenke hereingetragen und verteilt. Das Christkind hat sie gebracht, die Liebe hat sie beschert.

Schließlich gehen wir alle in die Christmette.

Vom Turm läuten die Glocken, und die Bläser spielen in der Glockenstube auf ihren Blasinstrumenten, sie spielen die schönsten Weihnachtslieder und sie sind weithin zu hören.

Von allen Seiten kommen die Menschen herangewandert und herangefahren, und jeder wünscht seinen Nachbarn und Freunden Frohe Weihnachten.

Am Himmel leuchten die Sterne, und selbst wenn wir sie nicht sehen, weil Wolken über uns hängen und weil es vielleicht sogar schneit, so wissen wir doch: die Sterne leuchten wie ein großer Christbaum aus Freude über Jesu Geburt, und der große Christbaum leuchtet über der ganzen Welt.

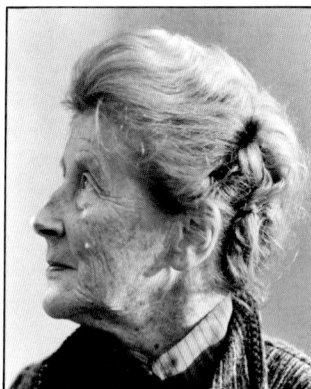

Gertrud Fussenegger
wurde 1912 in Pilsen geboren. Sie studierte Ge-
schichte und Kunstge-
schichte an den Universitä-
ten Innsbruck und Mün-
chen. Für ihr literarisches
Werk, vor allem Romane
und Erzählungen, wurde
sie mit vielen Preisen aus-
gezeichnet.
Welche Bedeutung hat für
Gertrud Fussenegger, die
Mutter von fünf Kindern
ist, das Schreiben von Kin-
derbüchern?
»Geschichten erzählen ist
meine Freude. Als Kind
hatte ich immer Angst, es
könnte nicht genug Papier
geben für die vielen Ge-
schichten, die ich aufschrei-
ben wollte . . .«

Bei Annette Betz:
Gertrud Fussenegger
Die Arche Noah
Mit Bildern von Annegert
Fuchshuber

Piotr Stolarczyk
wurde 1951 in Warschau,
Polen, geboren und lebt
seit 1981 als freischaffen-
der Grafiker und Maler in
Wien. Er studierte Malerei
und Gebrauchsgrafik an
der Akademie der Bilden-
den Künste in Warschau.
In den Jahren 1975 bis
1977 erhielt er verschie-
dene Preise und Auszeich-
nungen für Plakatentwürfe.
Ausstellungen in Warschau
(1980), Hamburg (1981)
sowie in verschiedenen
Wiener Galerien. 1983 er-
hielt er den zweiten Preis
der 6. Internationalen
Zeichen-Biennale in
Cleveland, England.

Bei Annette Betz:
Georg Bydlinski
**Weil wir Heinzelmännchen
sind**
Mit Bildern von Piotr
Stolarczyk

CIP-Kurztitelaufnahme der Deutschen Bibliothek

Fussenegger, Gertrud:
Freue dich, Christkind kommt bald / Text von
Gertrud Fussenegger. Bilder von Piotr
Stolarczyk. – Wien; München: Betz, 1985.
ISBN 3-219-10320-0
NE: Stolarczyk, Piotr:

B 282/3
Umschlag und Bilder von Piotr Stolarczyk
© 1985 by Annette Betz Verlag
im Verlag Carl Ueberreuter, Wien - München
Papier und Gesamtherstellung: Salzer - Ueberreuter, Wien
Printed in Austria